annasの和の刺繍

フリーステッチで刺すかわいい日本のモチーフ

川畑杏奈

光文社

ものがたり

かぐや姫 *The moon princess* ✳

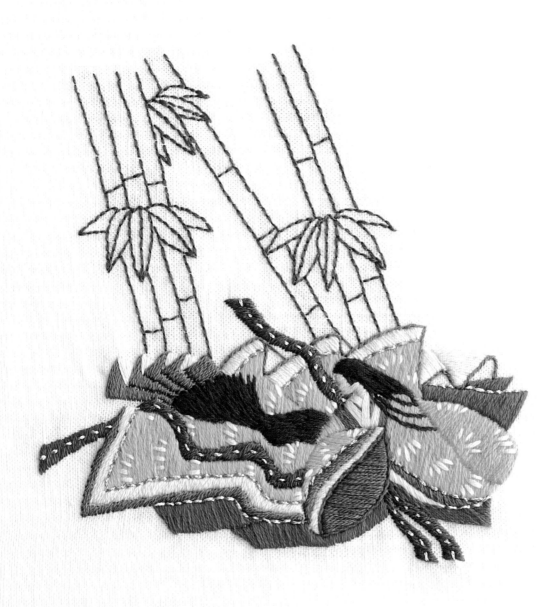

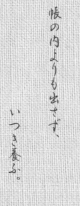

髪上げなどさうして、

髪上げさせ、裳着す。

帳の内よりも出さず、

いつき養ふ。

鶴は高く高く

空へ飛び立っていきました

　次は「和の刺繡」をテーマにした本を出してみませんか？
そう言われた当初は「和」というものにそれほど興味がなかったのですが、それまでの自分
がまったく触れてこなかった「和」について知るよい機会だと思い、身近なところから調べ
てみることにしました。さまざまな「和」のデザインを見ていくうちにピンときたのが、「和
モダン」でした。
「和」と「近代」の融合。外国の方々が憧れる「ZEN（禅）」などの古来の精神を近代と融合
させた世界観。そのあたりからイメージをふくらませてみました。
　そして日本の文化や歴史の中から刺繡モチーフとして選んだのは、現代の私たちがよく
知っている伝統的な事柄です。お正月、桃の節句などの年中行事や婚礼、昔話、着物や茶道、
郷土玩具など、身近なものを取り上げてみました。お茶の世界、茶花の世界、文様の世界
……。

どの世界も日本人の丁寧さ、真面目さ、言葉遊びの面白さなどの魅
力にあふれていて、その膨大さと奥深さには圧倒されてしまうほど
です。広くて複雑で礼儀正しい日本の和の世界を、私のフィルター
を通して限られたページの中で表現するのはとても難しいことでし
たが、製作期間中はとても楽しく、充実していたと思います。私の
視点から見た「和の刺繡」を、皆様に楽しんでいただけたら嬉しい
です。

川畑杏奈

目次

歳時記

桃の節句 *Girls' festival* 〰〰

刺し方：p.62〜63　図案：p.9

桃の節句

[実物大図案]
※刺し方は p.62 〜 63

春の七草・七夕・十五夜
刺し方・図案：p.14〜15,67

日本に今も残る行事を同じサイズの刺繍枠にデザイン
してみました。
楕円の刺繍枠にひとつ刺繍したら、季節ごとに刺繍布
を交換してもよいと思います。

春の七草　作品：p.12

刺繍糸

DMC 25番刺繍糸

■ 緑　993

■ 薄緑　13

　黄　973

□ 白　BLANC

布

コットンクロス（ペールグレー）

刺し方

指定以外2本どり、指定以外サテンS
それぞれの刺し順に従って
好きなところから刺す。
長い茎はアウトラインS
短い茎はストレートS。

仕立て

刺繍枠の仕立て方 p.94
刺繍枠サイズ：
縦15cm×横9.5cm

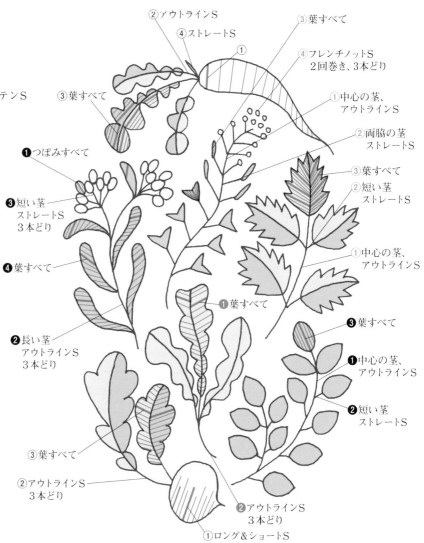

②アウトラインS
④ストレートS
③葉すべて
①
④フレンチノットS
2回巻き、3本どり
③葉すべて
①中心の茎、
アウトラインS
②両脇の茎
ストレートS
③葉すべて
②短い茎
ストレートS
❶つぼみすべて
❸短い茎
ストレートS
3本どり
①中心の茎、
アウトラインS
❹葉すべて
❶葉すべて
❸葉すべて
❷長い茎
アウトラインS
3本どり
❶中心の茎、
アウトラインS
❷短い茎
ストレートS
③葉すべて
②アウトラインS
3本どり
②アウトラインS
3本どり
①ロング＆ショートS

十五夜 作品：p.13

刺繍糸

DMC 25番刺繍糸
■ 赤 326
■ 茶色 422
□ 白 BLANC
▨ グレー 03
　 ベージュ ECRU

布

コットンクロス（ネイビー）

刺し方

指定以外2本どり、指定以外サテンS
それぞれの刺し順に従って、
好きなところから刺す。

仕立て

刺繍枠の仕立て方 p.94
刺繍枠サイズ：
縦15cm×横9.5cm

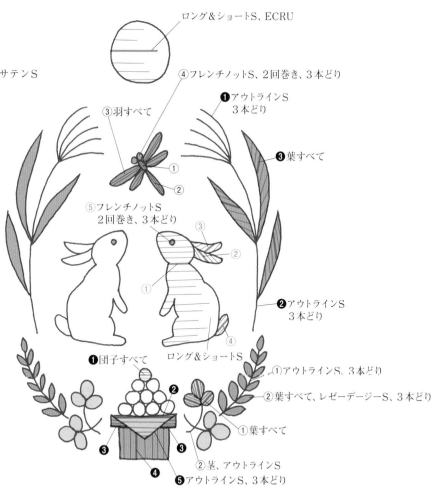

ロング＆ショートS、ECRU

④フレンチノットS、2回巻き、3本どり

❶アウトラインS
3本どり

③羽すべて

❸葉すべて

⑤フレンチノットS
2回巻き、3本どり

③

②

①

❷アウトラインS
3本どり

①

ロング＆ショートS

❶団子すべて

❷

❸

❸

④

❺アウトラインS、3本どり

②茎、アウトラインS

①葉すべて

①アウトラインS、3本どり

②葉すべて、レゼーデージーS、3本どり

①葉すべて

※「七夕」の刺し方・図案は p.67

子どもが持つものですが、意外と大きな千歳飴袋。その分図案も大きく
なったので、普段あまり使わないチェーンステッチをメインに刺しました。
チェーンステッチの刺し方はp.52で詳しく解説していますので、そちらも
ぜひごらんください。

特別な日には金糸を使って華やかにウェディングボードを演出しましょう。
当日に着る衣装と色を合わせても素敵です。スチレンボードに刺繍を貼り、
さらに立体感のある額に入れて仕上げています。

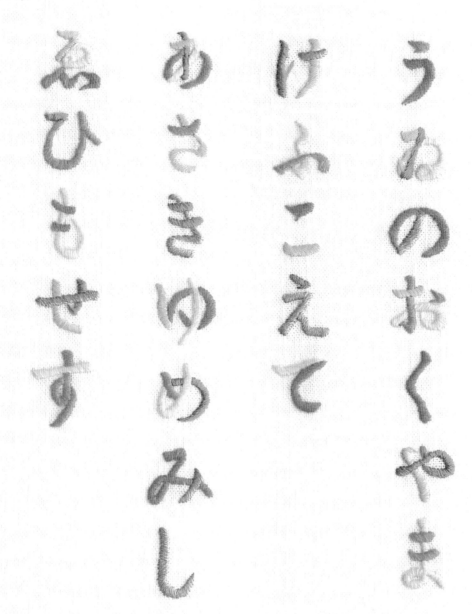

うゐのおくやま
けふこえて
あさきゆめみし
ゑひもせす

いろはにほへと
ちりぬるを
わかよたれそ
つねならむ

二〇二一年三月二十日
三一五七グラム
四八・二センチ

あおい

24

伝統と伝承

茶花 *Flowers for tea ceremony* ▶▶▶

刺し方・図案：p.77

抹茶 *Matcha green tea*

刺し方・図案：p.30

28

抹茶　作品：p.28

刺繍糸

DMC 25番刺繍糸
□ 薄グレー　415
■ 緑　906
　薄茶　734
□ 茶色　829

布

コットンクロス（ネイビー）

刺し方

指定以外906、指定以外3本どり、指定以外アウトラインS
それぞれの刺し方の順に従って、好きなところから刺す。

仕立て

パネルの仕立て方 p.95
パネルのサイズ：縦12cm×横15cm

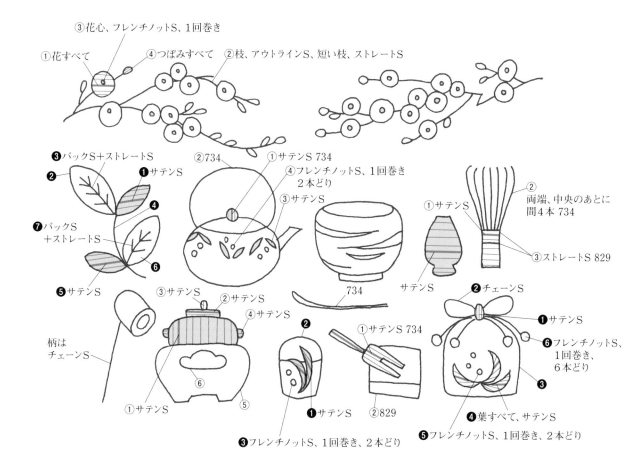

③花心、フレンチノットS、1回巻き

①花すべて　④つぼみすべて　②枝、アウトラインS、短い枝、ストレートS

❷ ❶バックS＋ストレートS
❷
❶サテンS
❹
❼バックS
＋ストレートS
❻
❺サテンS

②734　①サテンS 734
④フレンチノットS、1回巻き 2本どり
③サテンS

①サテンS

②両端、中央のあとに
間4本 734
③ストレートS 829

柄は
チェーンS

③サテンS　②サテンS
④サテンS
❻
①サテンS

734

❷
❶サテンS

①サテンS 734
②829

❷チェーンS
❶サテンS
❻フレンチノットS、
1回巻き、
6本どり
❸
❹葉すべて、サテンS
❺フレンチノットS、1回巻き、2本どり

❸フレンチノットS、1回巻き、2本どり

お面 作品：p.29

【共通】

刺繍糸	刺し方	仕立て
DMC 25番刺繍糸	指定以外2本どり、指定以外サテンS	香袋の仕立て方 p.92　袋のサイズ：縦13cm×横8.4cm

【狐】

刺繍糸　　　　　布

■ 赤　3830　　　20ツイル
□ 水色　598
■ 黒　310
□ 白　BLANC
　　黄　743

④両側にガイド線を
　刺してから放射状に
　中を埋める

①黒目両方

②黄色の目両方

⑤

⑥

⑧黒い部分すべて、
　ストレートS、1本どり
　目は上下2本どりで囲う

③

⑦口、ストレートS

【おかめ】

刺繍糸　　　　　布

■ 赤　3830　　　コットンクロス
■ 黒　310　　　（オリーブグリーン）
□ 白　BLANC

③　③

④1cm以上は
　ロング＆ショートS

①ほっぺ両方

②

⑤眉、目、鼻、ストレートS

【鬼】

刺繍糸　　　　　布

■ 赤　3830　　　コットンクロス
□ グレー　03　　（ベージュ）
■ 黒　310
□ 白　BLANC
　　黄　743

⑤ツノのベース両方
　上から横に
　ストレートS
　1本どり

③眉両方

①白目両方

④

②黒目両方、フレンチノットS、
　2回巻き

⑧耳両方

⑥

⑨口、ストレートS

⑦顔1cm以上はロング＆ショートS

【ひょっとこ】

刺繍糸　　　　　布

■ 赤　3830　　　コットンクロス
□ 水色　598　　（プラムグレー）
■ 黒　310
□ 白　BLANC
■ 肌色　967

⑧眉、ストレートS
　1本どり

⑤丸すべて

①白目両方

②黒目両方、
　フレンチノットS、
　2回巻き

③ほっぺ両方、口

⑦

④

⑥

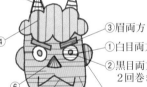

郷土玩具 *Folk toys*

刺し方・図案：p.78~79

数ある郷土玩具の中から刺繍にしたらかわいいだろうなと思う
ものをピックアップしました。

刺し方・図案：p.80~81

神社や寺院のものでなくても気持ちのこもった
手作りだったら、願いはきっと届くはずです。

浴衣と振袖

刺繍糸

DMC 25番刺繍糸
□ 白　BLANC
■ オレンジ色　352
　 黄　165
■ グレー　169
■ 薄グレー　415
■ ベージュ　ECRU
■ 青緑　3849
■ 紺　3750

布

コットンクロス（ホワイト）

刺し方

指定以外2本どり、指定以外サテンS
それぞれの刺し順に従って、
好きなところから刺す。

仕立て

パネルの仕立て方 p.95
パネルのサイズ：浴衣、着物　縦8cm×横6cm
　　　　　　　　　小物　縦4cm×横6cm

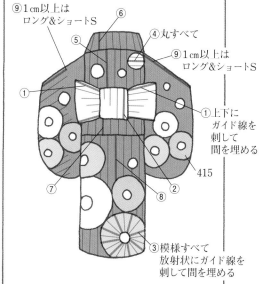

⑨1cm以上は
ロング&ショートS
⑥
⑤
④丸すべて
⑨1cm以上は
ロング&ショートS
①
①上下に
ガイド線を
刺して
間を埋める
415
②
⑧
⑦
③模様すべて
放射状にガイド線を
刺して間を埋める

パネルの仕上がりサイズ

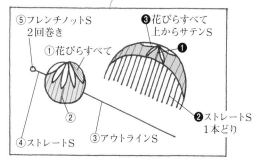

⑤フレンチノットS
2回巻き
❸花びらすべて
上からサテンS
❶
①花びらすべて
②
❷ストレートS
1本どり
④ストレートS
③アウトラインS

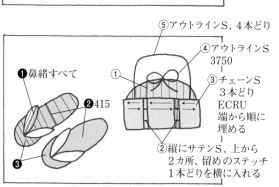

⑤アウトラインS、4本どり
④アウトラインS
3750
③チェーンS
3本どり
ECRU
端から順に
埋める
❶鼻緒すべて
❷415
①
③
❸
②縦にサテンS、上から
2カ所、留めのステッチ
1本どりを横に入れる

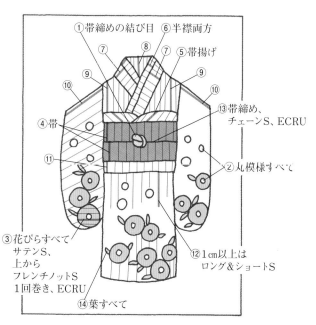

①帯締めの結び目　⑥半衿両方
⑦　⑧　⑦　⑤帯揚げ
⑨　⑨
⑩　⑩
④帯
⑬帯締め、
チェーンS、ECRU
⑪
②丸模様すべて
③花びらすべて
サテンS、
上から
フレンチノットS
1回巻き、ECRU
⑫1cm以上は
ロング&ショートS
⑭葉すべて

甘味 作品：p.36

【共通】
刺繍糸

DMC 25番刺繍糸

刺し方

指定以外2本どり
指定以外サテンS

【鯛焼き】
刺繍糸

■ 焦げ茶 08
▨ 黄土色 3829

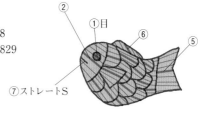

⑦ストレートS

③胸びれ
④顔からしっぽに向かって
　うろこを順に刺す

【いちご大福】
刺繍糸

■ 赤 335
▨ 薄茶 07
□ 白 BLANC

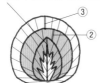

①いちごの赤い所、白い部分をあけて刺す
③
②

④いちごの白い部分
　長い所を先に刺してから間を埋める

【さくら餅】
刺繍糸

▨ 緑 989
▨ ピンク 818

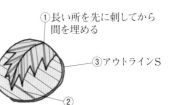

①長い所を先に刺してから
　間を埋める

③アウトラインS

②

【豆大福】
刺繍糸

▨ 薄茶 07
□ 白 BLANC

②1cm以上はロング＆ショートS

①豆すべて

【せんべい】
刺繍糸

■ 焦げ茶 08
▨ 黄土色 3829

②アウトラインS、3本どり
　外側から内側に向かって埋める

①

【三色団子】
刺繍糸
■ 緑 989
▨ ピンク 818
■ 焦げ茶 08
□ 白 BLANC

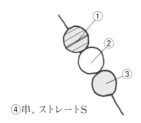

④串、ストレートS

【みたらし団子】
刺繍糸
■ 焦げ茶 08
▨ 黄土色 3829

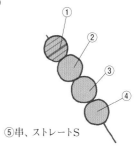

⑤串、ストレートS

【いちごかき氷】
刺繍糸
■ 赤 335
□ 水色 3752
▨ 黄土色 3829
□ 白 BLANC

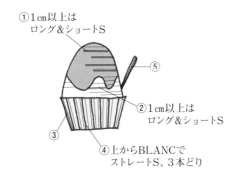

①1cm以上は
ロング＆ショートS
⑤
②1cm以上は
ロング＆ショートS
③
④上からBLANCで
ストレートS、3本どり

【抹茶かき氷】
刺繍糸
▨ 緑 989
■ 焦げ茶 08
□ 水色 3752
□ 白 BLANC

②1cm以上は
ロング＆ショートS
①白玉2個
⑥
③
④
⑤上からBLANCで
ストレートS、3本どり

いきもの

【水辺】

刺繍糸

DMC 25番刺繍糸
　　黄　165
■　黒　310
□　白　BLANC
　　青　597
▨　赤　335

布

コットンクロス（スモーキーブルー）

刺し方

指定以外2本どり
指定以外サテンS
それぞれの刺し順に従って、
好きなところから刺す。

仕立て

刺繍枠の仕立て方 p.94
刺繍枠のサイズ：直径12cm

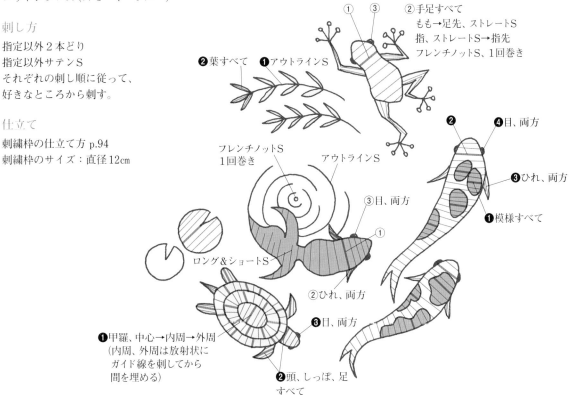

②手足すべて
もも→足先、ストレートS
指、ストレートS→指先
フレンチノットS、1回巻き

①　③

❷葉すべて　　❶アウトラインS

❷　❹目、両方

❸ひれ、両方

❶模様すべて

フレンチノットS
1回巻き　　アウトラインS

③目、両方

①

ロング＆ショートS

②ひれ、両方

❸目、両方

❶甲羅、中心→内周→外周
（内周、外周は放射状に
　ガイド線を刺してから
　間を埋める）

❷頭、しっぽ、足
　すべて

※「ちょうちょ」「うぐいす」「すずめ」の刺し方図案はp.88

草花のフレーム　作品：p.43

【紅葉】

刺繍糸

DMC 25番刺繍糸
- 黄緑　987
- 赤　326
- 黄　165

布

コットンクロス（ネイビー）

刺し方

指定以外2本どり、指定以外サテンS

仕立て

刺繍枠の仕立て方 p.94
刺繍枠のサイズ：直径7.5cm

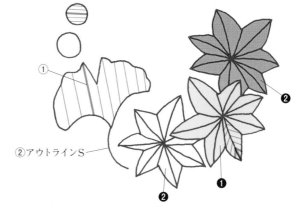

②アウトラインS

もみじは葉を1枚ずつ刺繍して
1つのもみじを完成させて図の順に刺す。

【なでしこ】

刺繍糸

DMC 25番刺繍糸
- □ 白　BLANC
- 黄緑　987
- 黄　165

布

コットンクロス（ネイビー）

刺し方

指定以外2本どり、指定以外サテンS

仕立て

刺繍枠の仕立て方 p.94
刺繍枠のサイズ：直径7.5cm

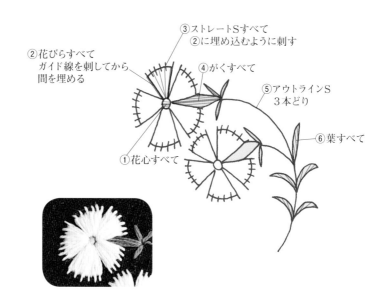

③ストレートSすべて
②に埋め込むように刺す

②花びらすべて
　ガイド線を刺してから
　間を埋める

④がくすべて

⑤アウトラインS
　3本どり

⑥葉すべて

①花心すべて

【ほおずき】

刺繍糸

DMC 25番刺繍糸
□ 白 BLANC
　黄緑 987
　オレンジ色 783

布

コットンクロス（ネイビー）

刺し方

指定以外2本どり、指定以外サテンS

仕立て

刺繍枠の仕立て方 p.94
刺繍枠のサイズ：直径7.5cm

④茎、アウトラインS、3本どり
⑤
❶
❷
①
❸
❸

③ストレートS、
1本どり、ランダムに刺す

②アウトラインS、3本どり

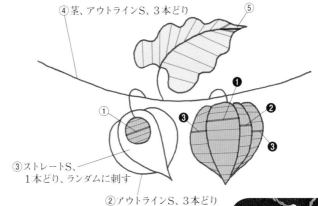

【菜の花】

刺繍糸

DMC 25番刺繍糸
　黄緑 987
　黄 165

布

コットンクロス（ネイビー）

刺し方

指定以外2本どり、指定以外サテンS

仕立て

刺繍枠の仕立て方 p.94
刺繍枠のサイズ：直径7.5cm

①花びらすべて
③つぼみすべて

②花心すべて
フレンチノットS
2回巻き

⑦先にガイド線を刺し、
間を埋める

⑥実すべて

⑤茎すべて
ストレートS、3本どり

④アウトラインS、3本どり

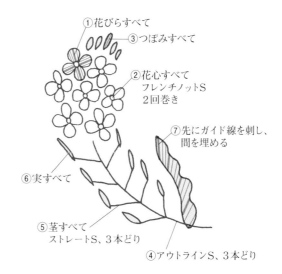

用意するもの

用具

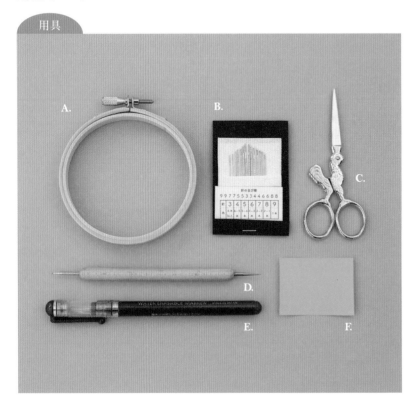

A. 刺繍枠
刺繍しやすいように、布を張っておくための枠。直径8〜10cmが使いやすく、おすすめ。

B. 針
フランス刺繍針。刺繍糸の本数に合わせて太さを使い分ける。25番刺繍糸2本どりであれば7号前後を目安に。

C. はさみ
刺繍糸を切るときに使う。先端がとがっているものが使いやすい。

D. トレーサー
複写紙を使って、図案を布に写すときに使う。ボールペンなどでも代用可。

E. チャコペン
複写紙で写した図案が薄いときなどに描き足す。水で消えるタイプが使いやすい。

F. 刺繍用複写紙（片面）
図案を布に写すときに使う。この本では、水で消えるタイプを使用。

糸

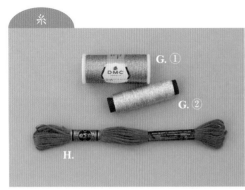

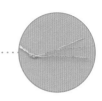

G. 金糸・銀糸
糸巻きから出した1本を「1本どり」とする。撚りがほどけやすいので、玉結びをして使う。

①DMCディアマント。金銀の色味が豊富なメタリックヤーン。

②cosmoにしきいと。カラーのラメ糸。

H. 25番刺繍糸
カラーバリエーションが豊富なコットン糸。刺しやすい長さにカットし、6本どりをばらして指定の本数にして使う。この本では「DMC」と「cosmo」のものを使用。詳しい扱い方はp.49参照。

下準備

● 25番刺繍糸の扱い方

1. タグをはずすと輪になっている。6本どりで8mある。

2. 絡まないように丁寧にほどく。

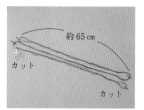

3. 全体を二つ折りにし、もう1回二つ折り。そのあと三つ折りにして、65cm程度の長さにそろえて、両端の輪をカットする。タグを通して中央まで移動させる。

4. タグの位置で二つに折り、ゆるく三つ編みをしておく（きつく編むと引き出しにくく、跡が残るので注意）。

● 糸のとり分け方

タグのある輪の方で、6本から1本ずつ引き出して使う。

● 2本どりの通し方

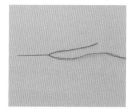

1本ずつ引き出した糸を2本そろえて、一緒に針穴に通して使う。

● 図案の写し方

1. 布の上に複写紙をインク面を下にして置き、上に図案をのせてトレーサーでなぞる。

2. 図案の薄いところはチャコペンでなぞる。

教えてannas!

土台の布の水通しって必要ですか？

→ 作るものにもよりますが、基本不要です。刺繍をしてから服を作る場合は縮むと着られなくなるので水通しをしますが、刺繍作品では、ブローチなど洗濯をしないものも多いですし、バッグやポーチは多少縮んでも刺繍に問題はありません。
リネンやシーチングなど縮みが激しい布の場合は、使う分をカットし、霧吹きをしっかりかけてからアイロンをかければOK。

どんな作品から始めたらいいですか？

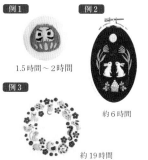

例1　1.5時間～2時間

例2　約6時間

例3　約19時間

→ 目につきやすいのでつい大きな図案を選びがちですが、初心者の方は小さな図案をいくつか作って、達成感を感じながら楽しく続けられる方がおすすめです。

ちなみに、サイズと制作時間は比例しますので、大きな図案はやはり時間がかかります。制作時間の目安は、500円玉ぐらいのサイズで、だいたい1.5時間～2時間ぐらいです。左に本の中の例を載せたので、参考にしてみてください。

仕上げ

● 図案の消し方

刺し終わったときに図案がはみ出して残っていたら、水をつけた綿棒で少しずつぬらして消す（注：先にアイロンをかけるとインクが定着してしまうことがあるので、アイロンの前に消す）。

● アイロンのかけ方

裏からアイロンをあて、少し布を引っ張りながらかけると、刺繍のすき間のシワがのびやすい。

● 刺し始め

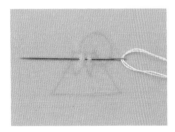

1. 図案の中央、刺し埋めて隠れてしまうところに2目、なみ縫いをする。

2. 糸端を1cm程度残したところまで糸を引き、ひと目戻ったところに針を刺す（糸が絡まることで抜けなくなる）。

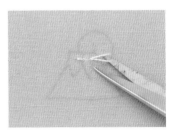

3. 表の糸端を根元ギリギリで切る。

● 刺し終わり

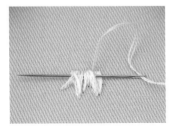

裏側に渡っている糸に2度ほど絡めて通し、糸を切る。

● 糸を替える

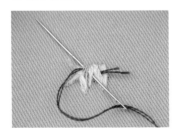

次の糸に替えるときは、裏側に渡っている糸に2度ほど絡めてから刺し始める。

ストレートステッチ

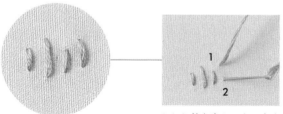

1から針を出し、まっすぐ
進んで2に針を入れる。

バックステッチ

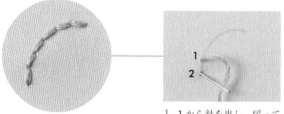

1. 1から針を出し、戻って
2に針を入れる。

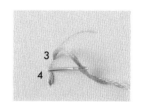

2. 3から針を出し、4（1と
同じ穴）に針を入れる。
これをくり返す。

アウトラインステッチ

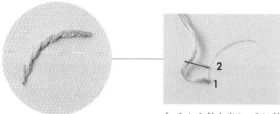

1. 1から針を出し、2に針
を入れる。

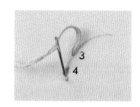

2. 3から針を出し、1と2
の間に、糸を割らないよ
うによけて糸の下に針を
入れる。

3. 3と4をくり返す。

チェーンステッチ

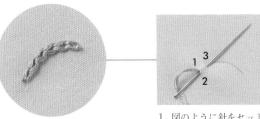

1. 図のように針をセットする（**1** から出し、**2** から入れて **3** から出す）。

2. 針に糸をかける。

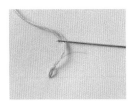

3. 針を抜く。同じ要領で、針を入れて糸をかける。レゼーデージーステッチの場合、輪の外側から **1** の **3** とほぼ同じ位置に針を入れる。

ワンポイントアドバイス

● チェーンを輪につなぐとき

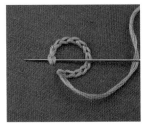

最初に作ったひと目に写真のように針を通す（このとき布には針を刺さない）。続けて、最後に作った輪の中に針を入れると輪がつながる。

● 糸をつなぐとき

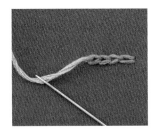

最後の目の輪の中から次の針を出して続ける。

● L字に刺すとき

直角になる場合、端の目の中から針を出して続ける。

● V字に刺すとき

鋭角になる場合、端の目の隣に針を出して続ける。

端の目の隣

サテンステッチ

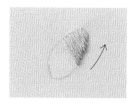

1. 刺し埋めるパーツの中央に、基準となる1本を刺す（1から出し、2から入れる）。

2. 1、2をくり返して片側を端まで刺し埋める。

3. もう片側を中央から同様に刺して埋める。

ロング＆
ショートステッチ

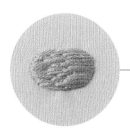

1. パーツの中央に基準となる1本を刺す。その後長短を交えながら平行に刺す。

2. 長短を交えながら平行に刺し埋める。少し先に針を出し、前のステッチの間を割るように刺す。

3. すき間を埋めるように刺す。

フレンチノットステッチ

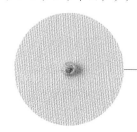

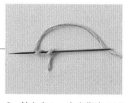

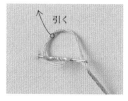

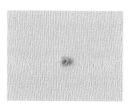

1. 針を出し、糸を指定の回数針に巻きつける。写真は2回巻いたところ。

2. 1で針を出したすぐ横に針を入れる。矢印の糸を引き、針を裏側に出す。

3. できあがり。

ワンポイントアドバイス

● サテンステッチをきれいに見せるコツ

塗り絵のように埋めていくのが、サテンステッチ。
まっすぐにしかならない刺繍糸で複雑な形を埋める場合、基準となるガイド線（黄色の糸）を刺し、それを基準に平行に埋めていきます。三角形や少しずつカーブする面を刺すときは、まずガイド線を入れてから、その間を埋めるように刺していくときれいに仕上がります。

● 1色で隣り合った別々のパーツを表現する

同じ色でパーツを刺し分ける場合、隣同士が一体化しないようにパーツごとに向きを変えて溝を作ります。隣のパーツと接しているところは、隣のパーツを同じ穴に刺すようにします。

● サテンステッチから
　　ロング＆ショートステッチに移るとき

広い面積をサテンステッチで刺す場合、ひと目の長さが長くなると、糸が動いて土台の布地が見えてしまいます。ひと目の長さが1cm以上になるときは、途中からロング＆ショートステッチに切り替えて刺します。

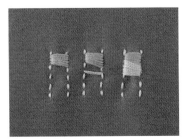

● サテンステッチの向きが少し曲がってきてしまったとき

糸をほどいて刺し直す方法もありますが、少し曲がっただけなら刺しながら修正できます。2〜3目先にひと目刺し、なめらかに向きが変わるように刺し埋めます。平行に刺すのがサテンステッチの基本ですが、放射状に少しずつ向きが変わるのは問題ありません。

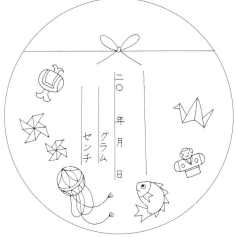

図案：p.76

p.22、23の『いろはうた』、p.25の『拗音、撥音、濁・半濁点』から文字を取り出して、名前入りの図案を構成する際の手順をご紹介します。文字数が多い場合を例に上げていますので参考に並べてみてください。

❶
トレーシングペーパーに図案の線の部分だけを写す。
入れたい文字の上にのせ、線を合わせて、鉛筆で写す。

❷
拗音・促音など小さい文字は1文字分より少し間隔を狭くする。

❸
バランスを見ながら、残りの図案を写す。
名前が長い場合、下にある鯛の図案をやめる。
それでも入らない場合は、文字を85％程度まで縮小しても大丈夫。

刺し方図の見方

|||||||||||||||||||||||||||||||||

作品名と ——— 浴衣と振袖 作品：p.34
掲載ページ

刺繍糸　　　　　　　　　　布

使用した ——— DMC 25番刺繍糸　　　コットンクロス（ホワイト）——— 刺繍している布
糸の種類、　　□ 白　BLANC
色番号と　　　▓ オレンジ色　352　刺し方
図の中の色の表記　黄　165　　　指定以外2本どり、指定以外サテンS
　　　　　　　　▓ 緑　3849　　　それぞれの刺し順に従って、
　　　　　　　　▓ 紺　3750　　　好きなところから刺す。

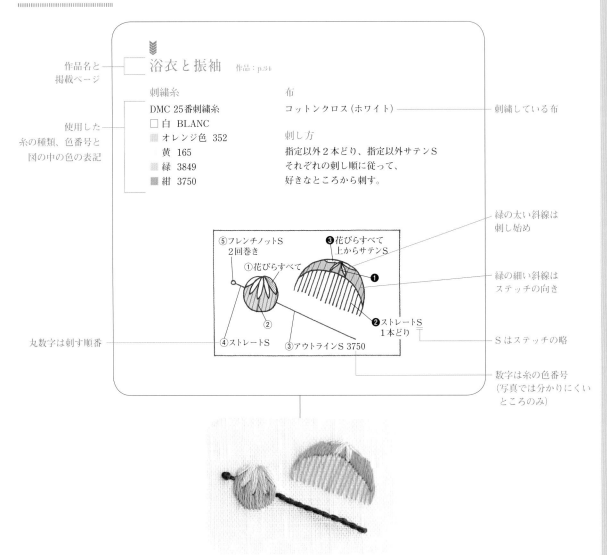

緑の太い斜線は
刺し始め

⑤フレンチノットS　　❸花びらすべて
　2回巻き　　　　　　上からサテンS

①花びらすべて　　　　　　　　　　　❶
　　　　　　　　　　　　　　　　　　　　緑の細い斜線は
　　　　　　　　　　　　　　　　　　　　ステッチの向き

　　　　　　　　　　　　　❷ストレートS
　　　　　　　　　　　　　　1本どり

丸数字は刺す順番 ——— ②　　　　　　　　　　　　　　　　S はステッチの略

④ストレートS　　③アウトラインS 3750

数字は糸の色番号
（写真では分かりにくい
　ところのみ）

仕上がり

刺し方図に記載のないものは、実物大で掲載しています。

25番刺繍糸は「DMC」と「cosmo」、金糸は「DMC ディアマント」と「cosmo にしきいと」を使用しています。

金糸は糸巻きから出した1本を「1本どり」としています。

「コットンクロス」とある作品はルシアンの「cosmo フリーステッチ用コットンクロス」を使用しています。

各ステッチの刺し方は p.51 からの『ステッチガイド』をご参照ください。

かぐや姫　作品：p.3

刺繍糸

DMC 25番刺繍糸
- ピンク　761
- 緑　561
- 黄緑　987
- 黄　10
- 茶色　09
- □ 白　BLANC

布

コットンクロス
（ペールグレー）

刺し方
指定以外2本どり
指定以外サテンS
それぞれの刺し順に従って、
好きなところから刺す。

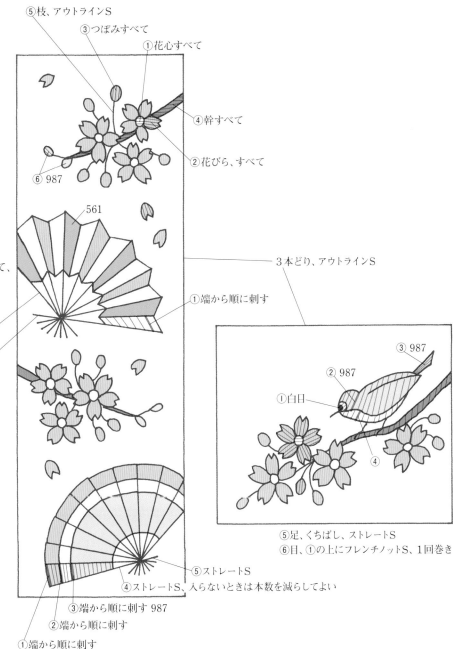

⑤枝、アウトラインS

③つぼみすべて

①花心すべて

④幹すべて

②花びら、すべて

⑥ 987

561

②アウトラインS

③ストレートS
入らないときは
本数を減らしてよい

3本どり、アウトラインS

③ 987

② 987

①白目

④

①端から順に刺す

⑤足、くちばし、ストレートS
⑥目、①の上にフレンチノットS、1回巻き

⑤ストレートS
④ストレートS、入らないときは本数を減らしてよい
③端から順に刺す 987
②端から順に刺す
①端から順に刺す

✳

かぐや姫 　作品：p.2

刺繍糸
DMC 25番刺繍糸
▦ ピンク　761
　 肌色　967
▦ 緑　561
▦ 黄緑　987
　 黄　10
▦ 茶色　09
▦ オレンジ色　3826
□ 白　BLANC

cosmo にしきいと
━ ━ 　金　21（白金）
― ― 　銀　23（白銀）

布
コットンクロス（ホワイト）

刺し方
指定以外2本どり
指定以外サテンSで
1cm以上はロング＆ショートS
金糸・銀糸は1本どり

［実物大図案］

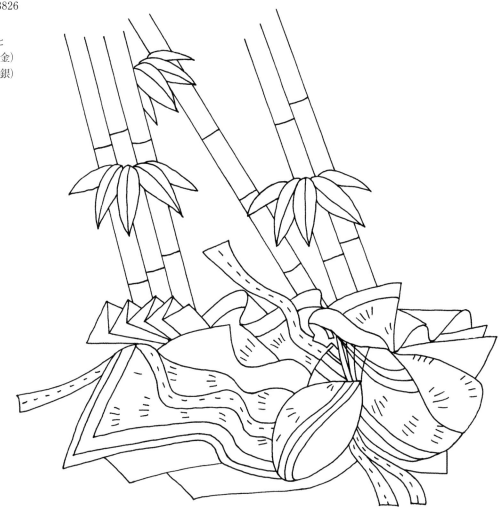

刺し方
（図案を拡大しています）

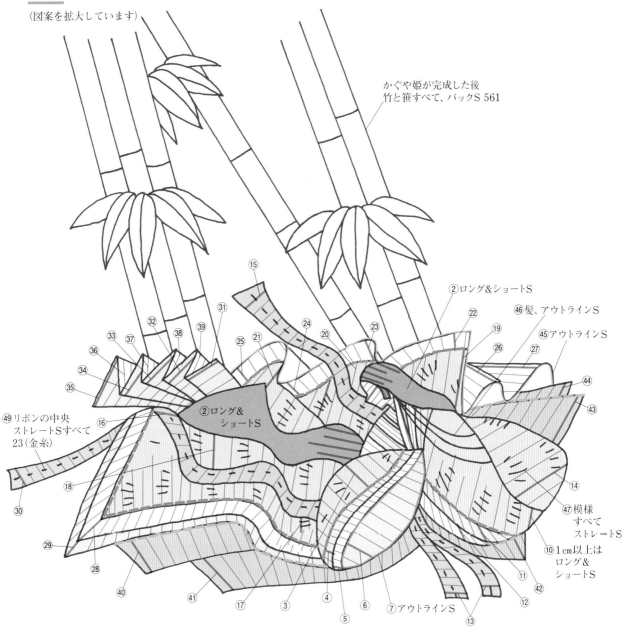

かぐや姫が完成した後
竹と笹すべて、バックS 561

②ロング＆ショートS
⑯髪、アウトラインS
⑮アウトラインS
②ロング＆
ショートS
⑯リボンの中央
ストレートSすべて
㉓（金糸）
⑰模様
すべて
ストレートS
⑩1cm以上は
ロング＆
ショートS
⑦アウトラインS

①顔　②⑯以外の髪、1cm以上はロング＆ショートS、後ろ髪は少し毛先を着物にかぶせるように刺す
⑧向かって右襟すべて　⑨向かって左襟すべて
⑱着物の金糸・銀糸すべて、バックS

✳ つるの恩返し 作品：p.4

刺繍糸

DMC 25番刺繍糸
- ■ 紺 3750
- □ 白 BLANC
- ■ 赤 3777
- ■ グレー 03

布

コットンクロス（ストーングレー）

刺し方

指定以外2本どり、指定以外サテンS

大まかな刺し順

①鶴　②外枠　③桜　④雲形の枠　⑤梅、文様

刺し方

（図案を拡大しています）

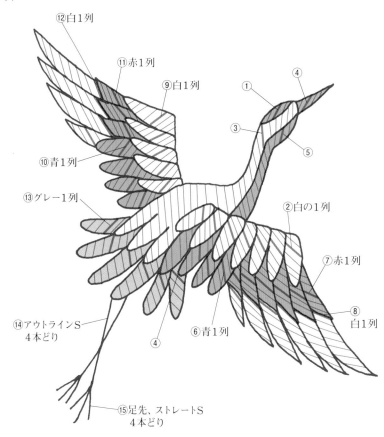

⑫白1列

⑪赤1列

⑨白1列

①

④

③

⑤

⑩青1列

⑬グレー1列

②白の1列

⑦赤1列

⑭アウトラインS
4本どり

④

⑥青1列

⑧
白1列

⑮足先、ストレートS
4本どり

外枠、雲形の枠、アウトラインS、4本どり

文様、アウトラインS、4本どり

文様、アウトラインS、4本どり

①アウトラインS
4本どり

②葉すべて

ストレートSで×に、
4本どり

文様
ストレートS、
＋サテンS

梅、桜の刺し順
①花びらすべて　②花心、ストレートS　③（梅のみ）フレンチノットS、2回巻き

桃の節句　作品：p.8

刺繍糸

cosmo 25番刺繍糸

■ ピンク　111

▨ 黄　299

□ 白　100

▨ グレー　155

▨ ブルーグレー　732

▨ 肌色　341

cosmo にしきいと

━━ 金　19（鬱金）

布

シーチング

刺し方

指定以外2本どり、

指定以外サテンS

金糸は最後にバックSで刺す

仕立て

刺繍枠の仕立て方 p.94

刺繍枠のサイズ：

縦9cm×横15cm

刺し方

（図案を拡大しています）

※実物大図案は p.9

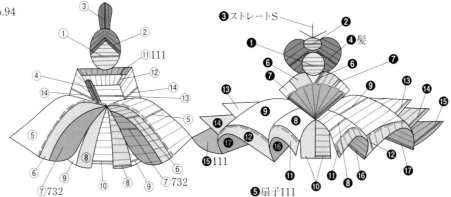

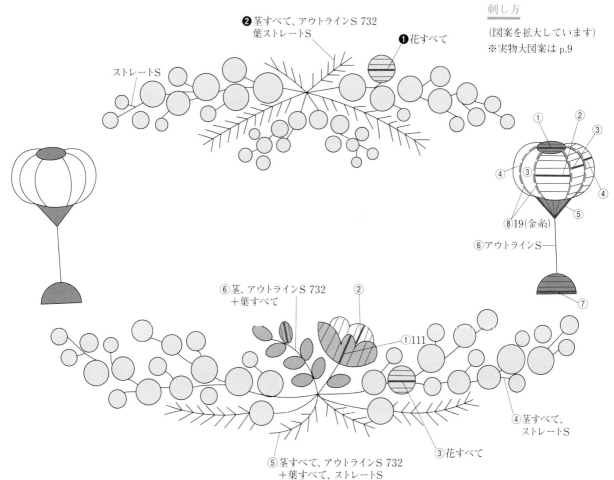

❷茎すべて、アウトラインS 732
　葉ストレートS

❶花すべて

ストレートS

刺し方

（図案を拡大しています）
※実物大図案は p.9

①
②
③
④
③
④
⑧19（金糸）

⑤

⑥アウトラインS

⑦

⑥茎、アウトラインS 732
　＋葉すべて

②

①111

④茎すべて、
　ストレートS

③花すべて

⑤茎すべて、アウトラインS 732
　＋葉すべて、ストレートS

63

端午の節句　作品：p.10

刺繍糸

DMC 25番刺繍糸

■ 青　826
□ 水色　3753
■ 紫　340
□ うす紫　154
■ 緑　520
　 黄緑　472

cosmo にしきいと
金 205（砂子）

布

コットンクロス（ホワイト）

刺し方

指定以外2本どり、指定以外サテンS
それぞれの刺し順に従って
好きなところから刺す。

仕立て

刺繍枠の仕立て方 p.94
刺繍枠のサイズ：
縦15cm×横9.5cm

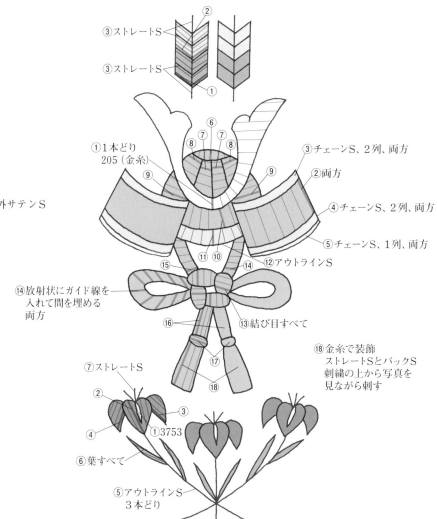

③ストレートS

③ストレートS

①1本どり
　205（金糸）

③チェーンS、2列、両方

②両方

④チェーンS、2列、両方

⑤チェーンS、1列、両方

⑫アウトラインS

⑭放射状にガイド線を
　入れて間を埋める
　両方

⑬結び目すべて

⑱金糸で装飾
　ストレートSとバックS
　刺繍の上から写真を
　見ながら刺す

⑦ストレートS

②
③
④
①3753
⑥葉すべて
⑤アウトラインS
　3本どり

64

❋
つるの恩返し　作品：p.5

刺繍糸

DMC 25番刺繍糸
- ▨ 青　3750
- ▨ 赤　3777
- ☐ 白　BLANC
- ▨ 黄　10

布

コットンクロス（ホワイト）

刺し方

指定以外2本どり、指定以外サテンS

大まかな刺し順

1.花　2.枝　3.葉
花心は最後にフレンチノットS、2回巻き、6本どり

アウトラインS

こどもの日　作品：p.11

刺繍糸

DMC 25番刺繍糸

　　赤　760
　■ 水色　964
　■ 黒　3799
　　グレー　03
　□ 白　BLANC

布

シーチング

刺し方

指定以外2本どり、指定以外サテンS
3匹を同様の刺し順で刺繍する
真鯉（一番上）の刺し順と共通

仕立て

パネルの仕立て方 p.95
パネルのサイズ：
12cm角

文字、チェーンS、3本どり、3799　　　　　　　フレンチノットS、1回巻き、3本どり

Kodomonohi

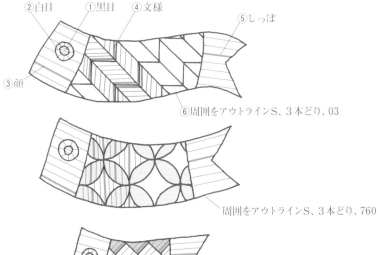

②白目　①黒目　④文様　　　　⑤しっぽ

③顔

⑥周囲をアウトラインS、3本どり、03

周囲をアウトラインS、3本どり、760

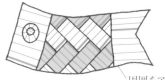

周囲をアウトラインS、3本どり、964

七夕　作品：p.13

刺繍糸

DMC 25番刺繍糸
　赤　3706
　水色　3752
　緑　562
　黄緑　13
　紺　3750
DMC ディアマント
　金D3852

布

コットンクロス(ホワイト)

刺し方

指定以外2本どり、指定以外サテンS
図の――はストレートS

大まかな刺し順

①飾りすべて
②茎562下の部分だけサテンS
それ以外アウトラインS、3本どり
③葉
④飾りの紐、バックS
パーツはそれぞれの順番通りに刺す

仕立て

刺繍枠の仕立て方 p.94
刺繍枠サイズ：縦15cm×横9.5cm

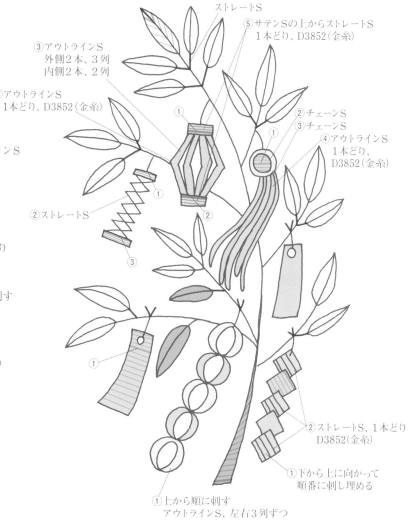

ストレートS

⑤サテンSの上からストレートS
1本どり、D3852(金糸)

③アウトラインS
外側2本、3列
内側2本、2列

④アウトラインS
1本どり、D3852(金糸)

②チェーンS
③チェーンS
④アウトラインS
1本どり、
D3852(金糸)

②ストレートS

③

②ストレートS、1本どり
D3852(金糸)

①下から上に向かって
順番に刺し埋める

①上から順に刺す
アウトラインS、左右3列ずつ

千歳飴袋　作品：p.16

刺繍糸

DMC 25番刺繍糸

- ■ 緑　562
- □ 黄緑　369
- ■ 赤　309
- ■ 水色　519
- ■ 黒　310
- □ 白　BLANC

布

コットンクロス（ホワイト）

刺し方

指定以外3本どり、指定以外チェーンS

〈チェーンSの場合〉

梅の花と葉、亀のしっぽ、松

図案の線のとおりに枠線を刺してから中を埋まるまで刺す。

仕立て

袋の仕立て方とサイズは p.92

［千歳飴袋図案］（150% 拡大して使用してください）

刺し方

（図案を実物より
　縮小しています）

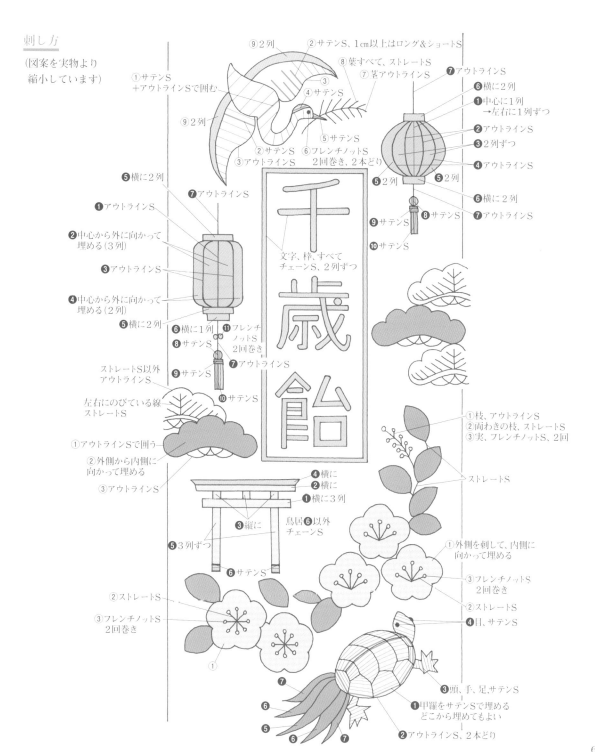

①サテンS
＋アウトラインSで囲む

⑨2列

⑨2列

②サテンS、1cm以上はロング＆ショートS
⑧葉すべて、ストレートS
⑦茎アウトラインS
③
④サテンS
⑤サテンS
⑥フレンチノットS
2回巻き、2本どり
②サテンS
③アウトラインS

⑦アウトラインS
⑥横に2列
①中心に1列
→左右に1列ずつ
②アウトラインS
③2列ずつ
④アウトラインS
⑤2列
⑥横に2列
⑦アウトラインS
⑤2列
⑨サテンS
⑧サテンS
⑩サテンS

⑤横に2列
⑦アウトラインS
①アウトラインS
②中心から外に向かって
埋める（3列）
③アウトラインS
④中心から外に向かって
埋める（2列）
⑤横に2列
⑥横に1列
⑧サテンS
⑪フレンチ
ノットS
2回巻き
⑦アウトラインS
⑨サテンS
⑩サテンS

ストレートS以外
アウトラインS

左右にのびている線
ストレートS

①アウトラインSで囲う
②外側から内側に
向かって埋める
③アウトラインS

文字、枠、すべて
チェーンS、2列ずつ

④横に
②横に
①横に3列
③縦に
鳥居⑥以外
チェーンS
⑤3列ずつ
⑥サテンS

①枝、アウトラインS
②両わきの枝、ストレートS
③実、フレンチノットS、2回

ストレートS

①外側を刺して、内側に
向かって埋める
③フレンチノットS
2回巻き
②ストレートS
④目、サテンS

②ストレートS
③フレンチノットS
2回巻き
①

⑦
⑥
⑤
⑥
⑦

③頭、手、足、サテンS
①甲羅をサテンSで埋める
どこから埋めてもよい
②アウトラインS、2本どり

69

干支 作品：p.18

刺繍糸

DMC 25番刺繍糸
- ■ 赤 326
- グレー 415
- 黄 472
- ■ 紺 3750

布

コットンクロス（ホワイト）

刺し方

すべて2本どり、指定以外サテンS
それぞれの刺し順に従って、好きなところから刺す。
目はすべて最後にフレンチノットS、2回巻き

［実物大図案］

刺し方

(図案を拡大しています)

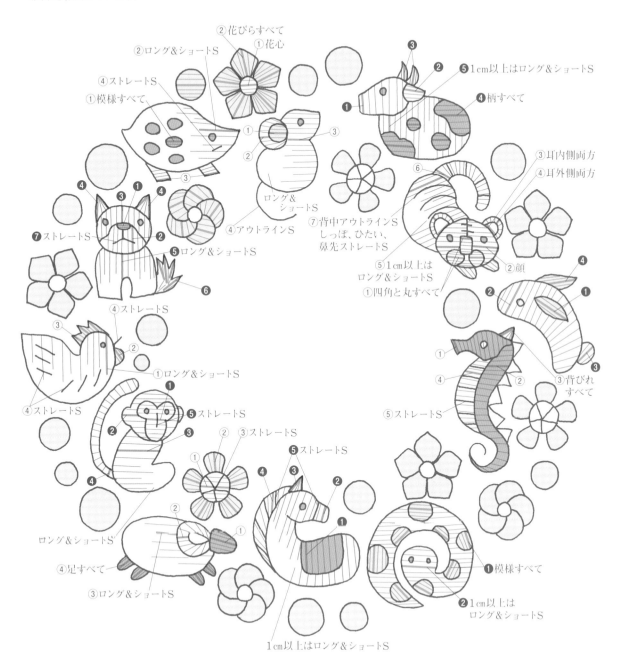

②花びらすべて
①花心
②ロング＆ショートS
④ストレートS
①模様すべて
③
②
⑤1cm以上はロング＆ショートS
④柄すべて
①
②
①
②
③
ロング＆
ショートS
④アウトラインS
③耳内側両方
④耳外側両方
⑥
⑦背中アウトラインS
しっぽ、ひたい、
鼻先ストレートS
②顔
⑤1cm以上は
ロング＆ショートS
①四角と丸すべて
④
②
①
③
⑦ストレートS
④
③
②
⑤ロング＆ショートS
⑥
④ストレートS
③
②
①ロング＆ショートS
①
④
②
③背びれ
すべて
⑤ストレートS
④ストレートS
①ロング＆ショートS
⑤ストレートS
②
③ストレートS
①
⑤ストレートS
④
③
②
①
②
①
ロング＆ショートS
④足すべて
③ロング＆ショートS
①模様すべて
②1cm以上は
ロング＆ショートS
1cm以上はロング＆ショートS

千鳥　作品：p.19

刺繍糸

cosmo 25番刺繍糸
- ■ 黒　895
- ▨ グレー　154
- ■ 赤　506
- □ 黄　298
- ▨ 青　164

布

20ツイル

刺し方

指定以外2本どり、指定以外サテンS
額のサイズ　内径7.5cm角

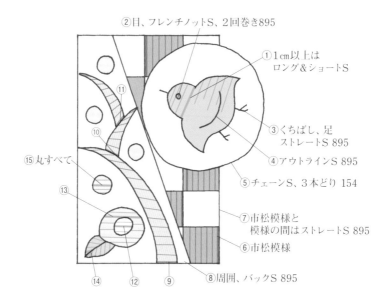

②目、フレンチノットS、2回巻き895

①1cm以上は
ロング＆ショートS

③くちばし、足
ストレートS 895

④アウトラインS 895

⑤チェーンS、3本どり 154

⑦市松模様と
模様の間はストレートS 895

⑥市松模様

⑧周囲、バックS 895

⑮丸すべて

⑪

⑩

⑬

⑭　⑫　⑨

婚礼　作品：p.20

刺繍糸

DMC 25番刺繍糸
- □ 水色　964
- □ ピンク　3689
- □ 紫　340
- □ 白　BLANC
- ▨ 赤　335

cosmo にしきいと
- ▨ 水色　108（薄荷）
- ▨ ピンク　204（寿甘）
- ▨ 紫　303（菫）3本どり
- ▨ 緑　201（冬瓜）

布

コットンクロス
（ホワイト）

刺し方

指定以外2本どり
指定以外サテンS
それぞれの
刺し順に
従って好きな
ところから刺す。

仕立て

パネルの仕立て方 p.95
パネルのサイズ：
縦17cm×横12cm

① アウトラインS、3本どり
　　紫340→水色964→
　　　　ピンク3689→
　　　　赤335の順で刺す

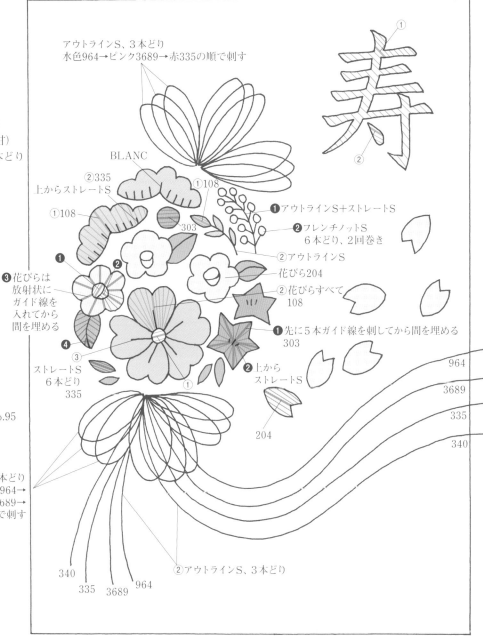

アウトラインS、3本どり
水色964→ピンク3689→赤335の順で刺す

BLANC

②335
上からストレートS
①108

①108

①108

303

❶ アウトラインS＋ストレートS

❷ フレンチノットS
　6本どり、2回巻き

② アウトラインS

花びら204

② 花びらすべて
　108

❶ 先に5本ガイド線を刺してから間を埋める
　303

❶

❷

❸ 花びらは
放射状に
ガイド線を
入れてから
間を埋める

❹

③

ストレートS
6本どり
335

❷ 上から
ストレートS

204

964

3689

335

340

340

335　3689　964

② アウトラインS、3本どり

いろはうた　作品：p.22-23

刺繍糸

DMC 25番刺繍糸
- ☐ 水色　964
- ☐ 青　3844
- ☐ グレー　03
- ☐ 赤　3706
- ☐ オレンジ色　3341
- ☐ 黄　307

布

コットンクロス
（ホワイト）

刺し方

すべて2本どり、
サテンS

ポイント

書き順とは関係なく、
刺し順の通りに刺す。

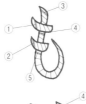

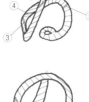

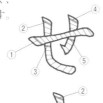

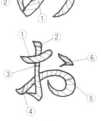

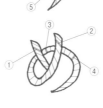

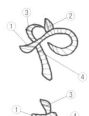

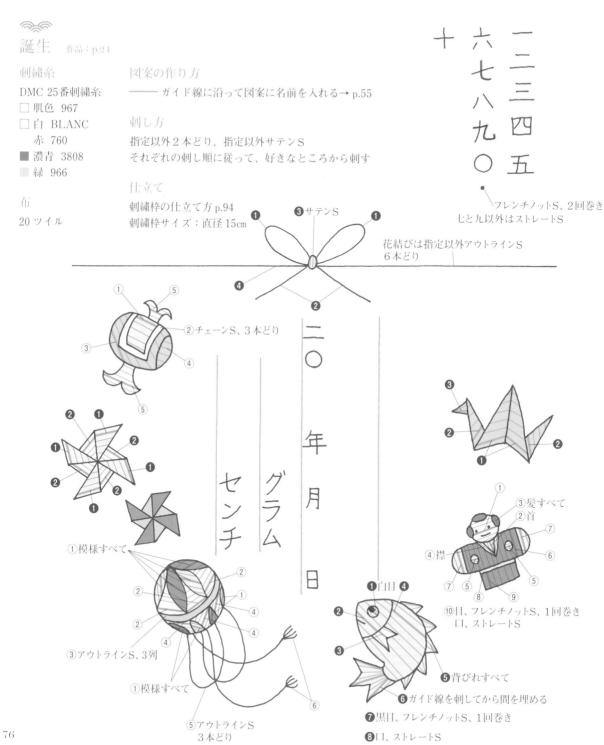

〰〰〰

誕生　作品：p.24

刺繍糸

DMC 25番刺繍糸
□ 肌色　967
□ 白　BLANC
　　赤　760
■ 濃青　3808
▨ 緑　966

布
20 ツイル

図案の作り方
—— ガイド線に沿って図案に名前を入れる→ p.55

刺し方
指定以外2本どり、指定以外サテンS
それぞれの刺し順に従って、好きなところから刺す

仕立て
刺繍枠の仕立て方 p.94
刺繍枠サイズ：直径15cm

十
六七八九〇・
一二三四五

フレンチノットS、2回巻き
七と九以外はストレートS

❶ ❸サテンS ❶
花結びは指定以外アウトラインS
6本どり
❹ ❷

②チェーンS、3本どり

二〇
年月日
グラム
センチ

③
②
❶

①模様すべて
②
②
④
④
③アウトラインS、3列
①模様すべて
④
⑤アウトラインS
3本どり
⑥

①
③髪すべて
②首
⑦
④襟
⑦ ⑤ ⑧ ⑤ ⑥
⑨
⑩目、フレンチノットS、1回巻き
口、ストレートS

❶白目❹
❷
❸
❺背びれすべて
❻ガイド線を刺してから間を埋める
❼黒目、フレンチノットS、1回巻き
❽口、ストレートS

76

茶花　作品：p.26-27

刺繍糸

DMC 25番刺繍糸

- □ 白　BLANC
- ■ 濃青　3808
- □ 黄　165
- ■ 緑　989
- グレー　03
- ピンク　818
- ■ 紫　26

布

p.26 掛け軸　コットンクロス
（ヴィンテージブルー、ホワイト）
p.27 刺繍見本　コットンクロス
（ペールグレー）

刺し方

指定以外2本どり、指定以外サテンS

仕立て

掛け軸の仕立て方、サイズは p.93

藤

❶アウトラインS

②

①花びらつぼみ
すべて

❷葉すべて

③

④アウトラインS 989

アジサイ

外枠
アウトラインS、3本どり

③フレンチノットS
2回巻き、6本どり

①花びらすべて

②花心、フレンチノットS
2回巻き
④アウトラインS、3本どり

⑤葉すべて

水仙
大まかな刺し順
1. 花
2. 葉

①チェーンS
外側の円を刺し、
内側に向かって
埋める

②

③

②

③

②

③

①輪郭、アウトラインS
3本どり

②チェーンS
1本どり（間をあけて刺す）

モクレン
大まかな刺し順
1. 花
2. 枝、チェーンS
3. 葉

③

①

③

②

③

②

①

②

③

①

②

③

①

②

郷土玩具　作品：p.32

【共通】

刺繍糸　　　　　　　刺し方
DMC 25番刺繍糸　　指定以外2本どり、指定以外サテンS

布　　　　　　　　　仕立て
20ツイル　　　　　　ブローチの仕立て方 p.94
　　　　　　　　　　ブローチのサイズ：直径5cm円／6cm×4.5cmだ円

p.32 写真での並び

チャグチャグ馬コ

犬張子

猫に蛸　　三春駒

赤べこ　　鳩笛

【鳩笛】

刺繍糸

赤　351
黄　165
青　597
黒　310
白　BLANC
濃青　3808

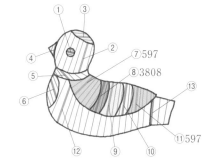

⑦597
⑧3808
⑬
⑪597

【赤べこ】

刺繍糸

赤　351
青　597
黒　310
白　BLANC

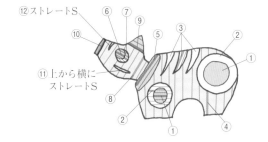

⑫ストレートS
⑪上から横に
　ストレートS

【犬張子】

刺繍糸

赤　351
黄　165
青　597
黒　310
白　BLANC

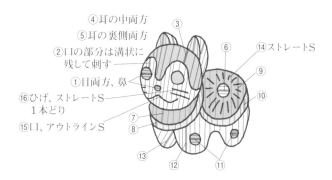

④耳の中両方
⑤耳の裏側両方
②口の部分は溝状に
　残して刺す
①目両方、鼻
⑯ひげ、ストレートS
　1本どり
⑮口、アウトラインS
⑭ストレートS

78

【猫に蛸】

刺繡糸

□ 赤 351
  黄 165
□ 青 597
■ 黒 310
□ 白 BLANC

①猫と蛸の黒目すべて ②猫と蛸の白目すべて ③蛸の漏斗、猫の鼻
⑩猫の口、ひげ、ストレートS、1本どり

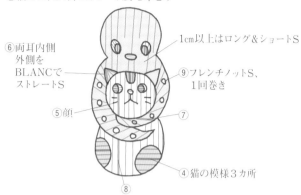

⑥両耳内側
  外側を
  BLANCで
  ストレートS

1cm以上はロング＆ショートS

⑨フレンチノットS、
  1回巻き

⑤顔

⑦

④猫の模様3カ所

⑧

【チャグチャグ馬コ】

刺繡糸

□ 赤 351
  黄 165
□ 青 597
□ 白 BLANC
■ 濃青 3808

①目と手綱の丸い部分2カ所
②手綱

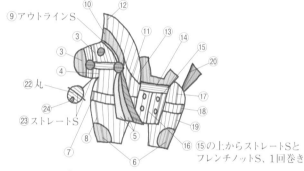

⑨アウトラインS

㉒丸

㉔

㉓ストレートS

⑯⑮の上からストレートSと
  フレンチノットS、1回巻き

㉑前足と後ろ足の装飾、ストレートS
  (写真を見ながら刺す)

【三春駒】

刺繡糸

□ 赤 351
  黄 165
□ 青 597
■ 黒 310
□ 白 BLANC

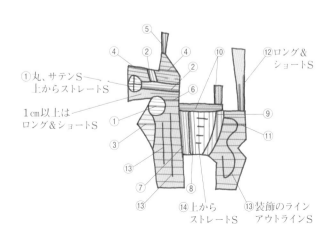

①丸、サテンS
  上からストレートS

1cm以上は
ロング＆ショートS

⑫ロング＆
  ショートS

⑭上から
  ストレートS

⑬装飾のライン
  アウトラインS

縁起物　作品：p.33

【共通】

刺繡糸
DMC 25番刺繡糸

刺し方
指定以外2本どり、指定以外サテンS

仕立て
おまもりの仕立て方 p.93
おまもりのサイズ：幅4.5cm×長さ6.5cm

【だるま】

刺繡糸

　赤 351
　黄 165
■ 黒 310
□ 肌色 967

布
コットンクロス（ホワイト）

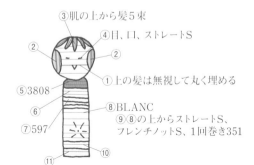

④1cm以上はロング＆ショートS
②1cm以上は
ロング＆ショートS
①目、ひげ両方
⑤眉、あごひげ
ストレートS
③模様すべて

【こけし】

刺繡糸

　赤 351
　黄 165
■ 青 597
■ 黒 310
□ 白 BLANC
■ 濃青 3808
□ 肌色 967

布
シーチング

③肌の上から髪5束
④目、口、ストレートS
②
②
⑤3808
①上の髪は無視して丸く埋める
⑥
⑧BLANC
⑦597
⑨⑧の上からストレートS、
フレンチノットS、1回巻き351
⑪
⑩

【富士山】

刺繡糸

　赤 351
■ 青 597
□ 白 BLANC

布
20 ツイル

①とがっている部分を先にガイド線として
刺してから間を埋める
③
②とがっている部分を先にガイド線として
刺してから間を埋める

【招き猫】

刺繍糸

　赤　351
□　黄　165
■　黒　310
□　白　BLANC

布

20 ツイル

③耳両方＋外側、ストレートS

⑧

②顔、
1cm以上は
ロング＆ショートS

①目・両方、鼻、
黒い模様3カ所

⑤

④

⑦1cm以上は
ロング＆ショートS

⑥

⑨鈴、縦に2本ストレートS
⑩爪両方、小判、□ストレートS
⑪ひげ、1本どり、ストレートS

拗音、促音、撥音、濁・半濁点　作品：p.25

刺繍糸

DMC 25番刺繍糸
□　水色　964
□　青　3844
□　グレー　03
□　赤　3706
□　オレンジ色　3341
□　黄　307

布

コットンクロス（ホワイト）

刺し方

すべて2本どり、指定以外サテンS

【拗音】

【促音】

【撥音】

【濁点】

【半濁点】

アウトラインS

81

食事 作品：p.37

【共通】

刺繍糸　　　　　　　　刺し方
DMC 25番刺繍糸　　　指定以外2本どり、指定以外サテンS

【ざるそば】

刺繍糸

□ 白 BLANC
■ 黒 310
■ 赤 351
　 焦げ茶 08
□ 水色 3752
□ 薄茶 07

布

コットンクロス（ペールグレー）

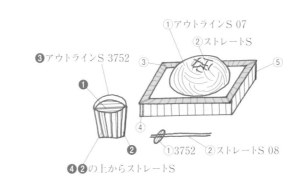

③アウトラインS 3752
❶
❹❷の上からストレートS
❷

①アウトラインS 07
②ストレートS
③
④
⑤
①3752 ②ストレートS 08

【おにぎり】

刺繍糸

□ 白 BLANC
■ 黒 310
■ 緑 989
■ 赤 351

布

コットンクロス（ペールグレー）

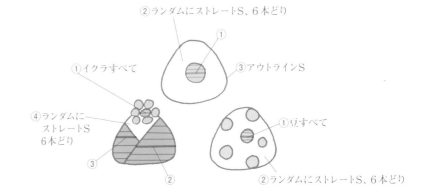

②ランダムにストレートS、6本どり
①
③アウトラインS
①イクラすべて
④ランダムに
　ストレートS
　6本どり
③
②
①豆すべて
②ランダムにストレートS、6本どり

【やきとり】

刺繍糸

■ 緑 989
　 焦げ茶 08
□ 黄土色 3829
□ 薄茶 07

布

コットンクロス（スモーキーブルー）

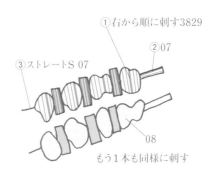

①右から順に刺す3829
②07
③ストレートS 07
08
もう1本も同様に刺す

【たこ焼き】
刺繍糸

□ 白 BLANC
▨ 緑 989
　焦げ茶 08
□ ベージュ ECRU
□ 黄土色 3829

布
20 ツイル

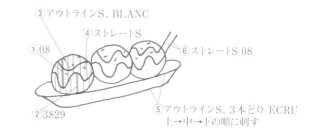

③アウトラインS、BLANC
④ストレートS
①08
⑥ストレートS 08
②3829
⑤アウトラインS、3本どり ECRU
上→中→下の順に刺す

【ラーメン】
刺繍糸

□ 白 BLANC
▨ 黒 310
▨ 緑 989
▨ 赤 351
□ 淡黄 3078
□ 黄土色 3829

布
コットンクロス (スモーキーブルー)

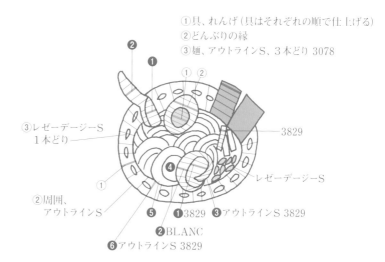

①具、れんげ (具はそれぞれの順で仕上げる)
②どんぶりの縁
③麺、アウトラインS、3本どり 3078

③レゼーデージーS
1本どり
3829
①
レゼーデージーS
②周囲、
アウトラインS
⑤ ❶3829 ❸アウトラインS 3829
❷BLANC
❻アウトラインS 3829

【寿司】
刺繍糸

□ 白 BLANC
▨ 黒 310
▨ 赤 351
□ 黄 727

布
コットンクロス (プラムグレー)

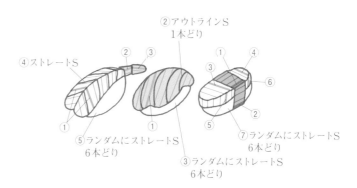

②アウトラインS
1本どり
④ストレートS
①　④
③
⑥
②
⑤
①
①
⑤ランダムにストレートS
6本どり
③ランダムにストレートS
6本どり
⑦ランダムにストレートS
6本どり

和の文様　作品：p.47

刺繍糸　　　　　　　　　　　　　　　　　　　　布

DMC 25番刺繍糸　　　　□ 青 597　　　□ 白 BLANC　　　　コットンクロス (ペールグレー)
　　　　　　　　　　　　■ オレンジ色 3341　　　　　　　　　　　　　　　　　　　［実物大図案］

刺し方
指定以外3本どり、指定以外サテンS。周囲チェーンS、6本どり。中の枠線、アウトラインS、6本どり

籠目

算木崩し

チェーンS 3本どり
青海波

2本どり

2本どり

上宝

2本どり

アウトラインS
2本どり

2本どり

麻の葉

アウトラインS

3本どり
矢絣

毘沙門亀甲
ストレートS、6本どり

鱗
2本どり

卍の所はストレートS、6本どり
長い所はアウトラインS、6本どり
紗綾

和の文様　作品：p.46

刺繍糸　　　　　　　　　　　　　　　　　　　　　　　　布

DMC 25番刺繍糸　　　☐ 白　BLANC　　☐ 水色　964　　コットンクロス（スモーキーブルー）
　　　　　　　　　　　■ 赤紫　3607　　☐ 黄　307　　　　　　　　　　　　　　　［実物大図案］

刺し方

指定以外3本どり、指定以外サテンS。周囲チェーンS、6本どり。中の枠線、アウトラインS、6本どり

チェーンS、3本どり
外から内側に向かって円を作りながら埋める

鹿子

網目

964チェーンS、3本どり

1cm以上は
ロング＆ショートS

千鳥格子

307アウトラインS
6本どり

分銅つなぎ

立涌

チェーンS
3本どり

307ストレートS
3本どり

松皮菱

市松

964チェーンS、3本どり

亀甲

花菱

好きな順番で刺してよい

いきもの 作品：p.40

【共通】

刺繍糸	刺し方
DMC 25番刺繍糸	指定以外2本どり、指定以外サテンS

【うぐいす】

刺繍糸	布
□ 薄茶 07	20 ツイル
▨ ピンク 818	
▧ 黄 165	仕立て
□ 黒 310	ブローチの仕立て方 p.94
□ 白 BLANC	ブローチサイズ：直径5cm

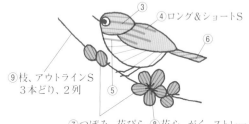

①白目、サテンS
②黒目、①の上からフレンチノットS、1回巻き
④ロング＆ショートS
⑨枝、アウトラインS　3本どり、2列
⑦つぼみ、花びら　⑧花心、がく、ストレートS
⑩くちばし、足、ストレートS

【すずめ】

刺繍糸	布
▨ 薄茶 07	20 ツイル
□ 黒 310	
□ 白 BLANC	仕立て
	ブローチの仕立て方 p.94
	ブローチサイズ：直径5cm

①羽の模様、4個
③1cm以上はロング＆ショートS
⑦足ストレートS
⑧くちばし、顔の装飾、ストレートS
⑨ほっぺ、羽の模様、ストレートS、2本ずつ
⑩目、フレンチノットS、2回巻き

【ちょうちょ】

刺繍糸	布
▨ グレー 03	コットンクロス
▨ ピンク 818	（ホワイト）
□ 黄 165	
□ 白 BLANC	仕立て
▨ 青 597	刺繍枠の仕立て方 p.94
▨ 紫 554	刺繍枠サイズ：直径8cm

④両方　⑥触角、アウトラインS　①
③両方
⑤両方
④両方
③両方　①
②
❶
❹両方　❺両方
❸丸すべて
❺触角、ストレートS　❻触角、アウトラインS
❷

p.42 写真での並び

草花の帯留め　作品：p.42

【共通】

刺し方

指定以外2本どり、指定以外サテンS

仕立て

帯留めの仕立て方 p.94

帯留め　幅5cmの扇形／4.5cm×2.5cmの八角形

桜
朝顔
菊
やどりぎ
桔梗

【桜】

刺繍糸

DMC 25番刺繍糸

▓ ピンク　818

DMC ディアマント

□ 金　D3852

布

コットンクロス（ホワイト）

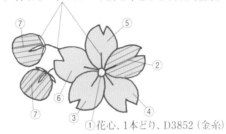

⑧茎、がく、おしべ、ストレートS、1本どり D3852（金糸）

①花心、1本どり、D3852（金糸）

【朝顔】

刺繍糸

DMC 25番刺繍糸

■ 紺　3750

□ 白　BLANC

□ 薄茶　07

▓ ピンク　818

DMC ディアマント

□ 金　D3852

布

20 ツイル

①花両方、放射状にガイド線を
　刺してから間を埋める
　中心は丸く残す

アウトラインS、
1本どり、D3852（金糸）

②花の中心両方、
　①の上にかぶせるように
　中心から星形に埋める

④茎両方、アウトラインS　⑤がく両方、ストレートS

【菊】

刺繍糸

DMC 25番刺繍糸

■ 紺　3750

□ 白　BLANC

DMC ディアマント

□ 金　D3852

布

20 ツイル

①花びらすべて

②

③アウトラインS、
　1本どり、
　D3852（金糸）

草花の帯留め　作品：p.42

刺し方
指定以外2本どり、指定以外サテンS

仕立て
帯留めの仕立て方 p.94
帯留め　幅5cmの扇形、4.5cm×2.5cmの八角形

【やどりぎ】

刺繍糸	布
DMC 25番刺繍糸	コットンクロス
■ 緑　989	（ホワイト）
cosmo にしきいと	
□ 白　206（雪原）	

①実すべて206（金糸）
③葉すべて
②茎、アウトラインS

【桔梗】

刺繍糸	布
DMC 25番刺繍糸	コットンクロス
■ 紺　3750	（ホワイト）
水色　3811	
DMC ディアマント	
□ 金　D3852	

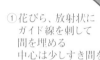
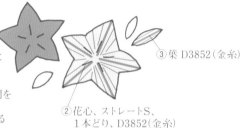

①花びら、放射状に
ガイド線を刺して
間を埋める
中心は少しすき間を
あけて刺すと
ちょうどよく埋まる

②花心、ストレートS、
1本どり、D3852（金糸）

③葉 D3852（金糸）

✳ 表紙作品

裏表紙作品

刺繍糸

DMC 25番刺繍糸	DMC ディアマント
■ 緑　906	□ 金　D3852
□ ピンク　818	
■ 黒　413	

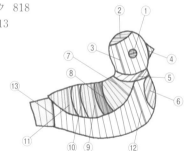

表紙作品

刺繍糸

DMC 25番刺繍糸	DMC ディアマント
■ 緑　906	□ 金　D3852
■ 濃緑　367	
■ 赤　3777	**布**
□ ピンク（薄）818	コットンクロス（ホワイト）
■ ピンク（濃）3689	
□ 白　BLANC	**刺し方**
■ 黒　413	指定以外2本どり、
□ 薄茶　07	指定以外サテンS
□ 肌色　967	実物大図案は p.91
□ 茶　422	

刺し方

図案内の以下のアイテムはそれぞれのページ参照。
おひなさまとぼんぼり(p.62、63)、桜(p.89)、桜の花びら(p.73)、風車(p.76)、
こいのぼり(p.66)、ちょうちょ(p.88)、茶碗と茶筅(p.30)

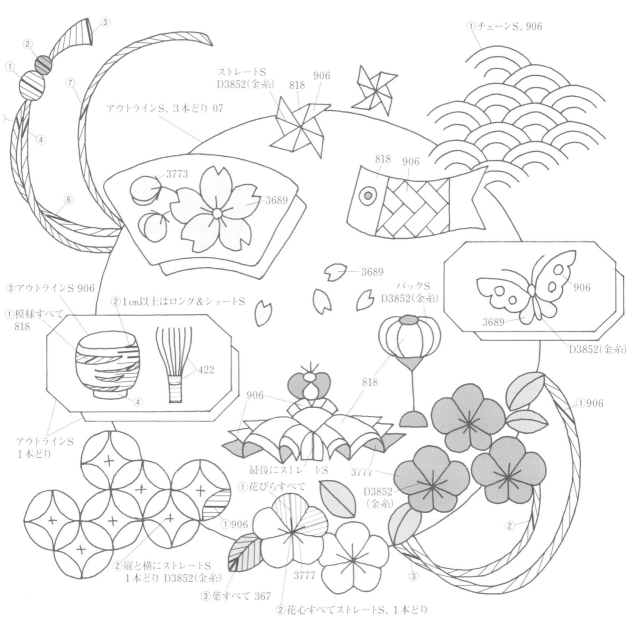

①チェーンS、906

ストレートS
D3852(金糸)　818　906

アウトラインS、3本どり 07

3773

3689

818　906

3689

バックS
D3852(金糸)

906

3689

D3852(金糸)

③アウトラインS 906

①模様すべて
818

②1cm以上はロング＆ショートS

422

④

アウトラインS
1本どり

906

818

①906

最後にストレートS

①花びらすべて

①906

②縦と横にストレートS
1本どり D3852(金糸)

③葉すべて 367

3777

②花心すべてストレートS、1本どり

3777

D3852
(金糸)

②

③

千歳飴袋の仕立て方　作品：p.16

【材料と作り方】（　）内は縫いしろ
布　コットン 66cm×15cm　1枚、4cm×25cm　2枚

1. 刺繍をし、本体と持ち手をカットする。

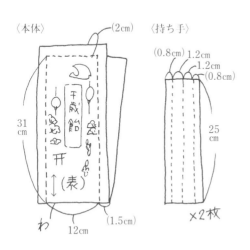

〈本体〉　　　（2cm）　　　〈持ち手〉

（0.8cm）1.2cm
1.2cm
（0.8cm）

31cm

千歳飴　开　（表）

25cm

わ　12cm　（1.5cm）

×2枚

2. 中表に二つ折りにし、両わきを縫う。

（裏）

3. 持ち手の縫いしろを折って外表にたたみ、はしご縫いで縫う。2本作る。

1.2cm

0.8cm

4. 持ち手をつけながら入れ口をぐるりと縫う。

2cm　0.3cm　1.5cm

香袋の仕立て方　作品：p.29

【材料と作り方】（　）内は縫いしろ
布　コットン 20cm×10cm　1枚、4cm×25cm　2枚

1. 刺繍をし、布をカットする。

2. 中表に二つ折りにして両端を縫う。

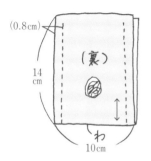

（0.8cm）

14cm

（裏）

わ

10cm

3. 入れ口は1cm内側に折り返して、薄く接着剤を塗って貼る。

4. わた（と香りのもの）を詰めてひもで縛る。

おまもり袋の仕立て方　作品：p.33

【材料と作り方】（　）内は縫いしろ
布　コットン 6.5cm×15cm　1枚
その他　接着芯、厚紙（4cm×5cm）1枚、おまもり用飾り紐　1本

［実物大型紙］
まわり0.8cm縫いしろをつけて裁つ

1. 型紙を写し、表面に刺繍をする。縫いしろをつけてカットし、仕上がりサイズの接着芯を裏に貼る。

2. 厚紙を中にはさんで二つ折りにし、両わきを縫う。(接着剤で貼ってもOK)

3. 目打ちで穴をあけ、おまもり用飾り紐を通す。

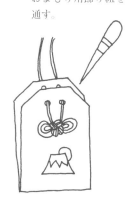

掛け軸(茶花)の仕立て方　作品：p.26

【材料と作り方】（　）内は縫いしろ
布　コットン 4cm×11.5cm　1枚、13cm×30cm　1枚
その他　ベルプル12cm　1組、接着芯 9cm×25cm、接着剤

1. 刺繍をしてカットする。

2. 台の布の裏に接着芯を貼って接着芯の大きさにカットする。

3. 上下を折り返し、端から0.5cmの幅に接着剤をつけてとめる。

4. 刺繍を台の布に貼る。(上下の幅は刺繍の長さに合わせて調節する)。ベルプルを通す。

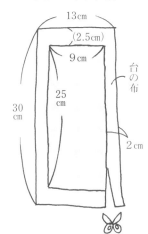

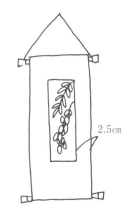

ブローチ、帯留めの仕立て方

1. 布に刺繍をするプレートより2cm外側で
カットし、縁から1cm内側をぐし縫いする。

（1cm）

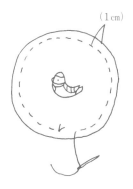

2. ブローチのプレートを裏にあて、ぐし縫い
の糸を引き絞る。

3. しっかり布が張るように、星形に糸を渡ら
せながら引き絞り、玉留めで留める。

4. ブローチ台に接着剤で貼る。

刺繍枠の仕立て方

1. 刺繍をした布をひっくり返して布の周囲を
ぐし縫いする。

7～8cm   1cm

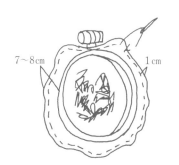

2. 糸を引く。ゆるい場合はさらに糸を渡らせ
てひっつめる。

ワッペンの仕立て方

1. 布に刺繍をする。
2. 裏にアイロン用フェルトを貼る。

2. 刺繍から0.5cmほどあけて、はさみで
   カットする。

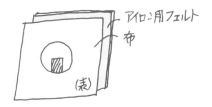

パネルの仕立て方

1. 布パネルのサイズより周囲各10cmほど大きめの
   布に刺繍する。片面粘着のパネルに布を貼る。

2. ひっくり返して、手で布を引っ張り、しわに
   ならないようにしながらホチキスで留める。

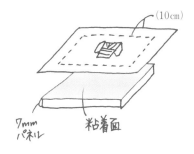

3. 側面をすべて留めたところ。
   角は丁寧にたたんでからホチキスで留める。

拡大図

作品デザイン・制作　川畑杏奈 (annas)

制作協力　池田登代子、後藤幸恵、菅原麻由、園田寿絵里、細矢良恵

撮影　下村しのぶ (カナリア)

装丁・レイアウト　佐々木千代 (双葉七十四)

Special Thanks　岡本諭

編集　小泉未来

デスク　三野知里

[素材問い合わせ先]

ディー・エム・シー株式会社
(25番刺繍糸、ディアマント)
お問い合わせ先　TEL. 03 (5296) 7831 (代)
平日 10:00 ～ 17:00 (土・日・祝日を除く)
https://www.dmc.com

株式会社ルシアン
(cosmo25番刺繍糸、にしきいと、コットンクロス)
お客様センター　TEL. 0120 (817) 125
平日 9:00 ～ 17:00 (土・日・祝日を除く)
https://www.lecien.co.jp

annasの和の刺繍

フリーステッチで刺すかわいい日本のモチーフ

2021年3月30日　初版第1刷発行
2022年3月25日　　　第2刷発行

著者　川畑杏奈

発行者　田邉浩司

発行所　株式会社　光文社
　　　　〒112-8011　東京都文京区音羽 1-16-6
　　　　電話・編集部 03-5395-8172　書籍販売部 03-5395-8116　業務部 03-5395-8125
　　　　メール　non@kobunsha.com

落丁本・乱丁本は業務部へご連絡くだされば、お取り替えいたします。

組　版　近代美術
印刷所　近代美術
製本所　ナショナル製本